Ella, no

val flores

Ella, no

57 laconismos postapocalípticos
—o la masacre de una lesbiana eremita—

prole.

Si hay un espesor mínimo entre el corazón y la vida, como dice val, está ahí en la punta de la lengua de estos laconismos que nos ofrecen una herida punzante en la taxidermia del lenguaje.

Ella, no traza un decir y sentir a contracorriente de la transparencia solicitada en este tiempo, nos sutura con el murmullo del cuerpo. Su tacto vive en el balbuceo de la eremita lesbiana que nos escupe y abraza en cada página ante el naufragio de la ficción de la certeza. Ella no construye una fortaleza, es instante precario de un hábitat pantanoso entre los rastros de estas letras y la desesperación de nuestras lecturas.

Así, val nos invita a un festín de besos carbonizados en tiempos de derrumbe. Un derrumbe que escribe, inscribe y serpentea sobre nuestros cuerpos heridos en el post-apocalipsis heterocentrado.

Ella, no no ofrece futuro, apenas una melancolía de un cuerpo que dibuja la bruma del deseo, la cicatriz en el espasmo de estar vivas.

Laura Gutiérrez

Ella no come,
observa el festín estéril
de besos carbonizados

Ella no sucede,
junta las incapacidades en
su caudalosa bilis quimérica

Ella no hospeda,
babea estragos espinosos
de una lluvia íntima

Ella no escribe,
inspecciona los resabios
de conversaciones apagadas

Ella no enamora,
predica la mística sentimental
del magnetismo ágrafo

Ella no funciona,
desatornilla todo
empecinamiento en corresponder
una voluntad esclavista

Ella no cautiva,
macera el desenfreno al amparo
de su tartamudeo errante

Ella no gusta,
escarba en las estructuras de
las catástrofes insomnes

Ella no ilumina,
imanta el ojo ultrajado por
la cadencia de la sangre
ancestral aniquilada

Ella no vomita,
esparce las máculas del alma
por el estanque tibio del otoño

Ella no recuerda,
desolla el pasado con los
dientes de sus dudas afiladas

Ella no acaricia,
tiene una copiosa inapetencia
de desmanes

Ella no obedece,
escupe un retoño del culto a la
pólvora del poema

Ella no habla,
su boca cría tormentas silentes
de pájaras depredadoras

Ella no late,
huye de la taxidermia
romántica del destino

Ella no escucha,
hace giros tropicales con
sus dedos eruptivos de
mudar y tropezar

Ella no ve,
estrecha sus vértebras a la
risa brutal de las palabras

Ella no toca,
confía en el espesor mínimo
entre su corazón y la vida

Ella no ríe,
sutura el labio con la ironía
aciaga del derrumbe

Ella no camina,
se entrena en la flotación
sonámbula de las dimitentes

Ella no llora,
descorteza la intemperie con
el goce exacerbado de una
lejanía desvencijada

Ella no esconde,
espera en primavera el brote
de sus tremendeces

Ella no responde,
remienda las preguntas
con su ojo hipnótico de
fugas y descampados

Ella no ama,
no ama, no, no hipoteca
su brillo melancólico por
un desastre anunciado

Ella no lee,
se arranca las fábulas de la
piel del sueño

Ella no dice la verdad,
no, no hay ninguna verdad
ninguna para decir en el
juego del miedo

Ella no sabe,
abre su animus brincanti a la
inclemencia lunar del silencio

Ella no cree,
mira el río enflaquecido
con la lentitud marchita de
quien ya no duele

Ella no posee,
flota en el témpano
espumoso de su memoria

Ella no es pública,
escamotea el ángulo
explosivo de sus trampas

Ella no es transparente,
burbujea el plasma sureño a la
temperatura de las sombras

Ella no es una,
el ectoplasma abisal es su
amor radical

Ella no es libre,
tirita entre la letra viva y
descarnada, ahí donde solo
quedan las cicatrices nocturnas

Ella no es familia,
gotea elegías mánticas como
liturgia del abrigo

Ella no es propietaria,
el destierro es su estado
pendular de sabiduría

Ella no es doméstica,
sangra tan proteica atiborrada
de inmundicia histrionizante

Ella no es inocente,
escucha cada palabra fibrilar en
los orgánulos de su historia

Ella no es valiente,
arrebata la astucia a
las órdenes vegetales del deseo

Ella no es ella,
no, ella, no es, vive con
las políglotas locuaces del
cementerio interno

Ella no es culta,
juguetea entre los frutos
vaporosos del instante

Ella no es rápida,
se mezcla en un naufragio
esponjoso de morosidad

Ella no es húmeda,
riega los páramos oraculares
con los vestigios de una
ternura extinguida

Ella no es un presagio,
es una desposeída de
futuros clorofórmicos

Ella no es lo que dicen que es,
no es, no, lo que dicen, ella es
una púa varicosa entre la niebla
del tiempo

Ella no es linda,
solo ansía la tenencia precaria
del invierno

Ella no es fecunda,
convierte la locuacidad en una
ciénaga obsesa del habla

Ella no es una heroína,
explota los sueños ampollados
de desesperación

Ella no es simpática,
es una audaz carnicera de
lenguas insulsas

Ella no es buena,
invoca la experimentación infinita
de la maldad burlesca

Ella no es una mujer,
se despelleja los dones de
servir y entregar sin pausa

Ella no es adulta,
practica con desvelo la
frágil beligerancia infantil

Ella no es social,
disfruta del paseo lascivo entre las
tumbas invisibles de los vivientes

Ella no es apta,
tiene en sus uñas
las larvas del exilio

Ella no es poeta,
astilla el vértigo intermitente
de la luciérnaga con
los callos de sus fracasos

Ella no es humana,
no humana, repta en su desierto
de gruñidos cósmicos

Ella no es comunidad,
hace del viaje su hogar
crudo y vegetativo

Ella no es,
no es, ella,
un espectro somnoliento de
una masacre intempestiva

Primera edición: abril 2025

© val flores, 2018
Publicado por primera vez por Exiliadas. Argentina, 2018.

© de esta edición: prole

Diseño de cubierta e interior:
Lluïsa Cobos
Composición e impresión de cubiertas:
Exiliadas en Impremta Col·lectiva

ISBN: 978-84-128020-8-5
Depósito legal: B 8489-2025

prole.
prole.cat
editorial@prole.cat

9 788412 802085